MIS PRIMEROS LIBROS DE ANIMALES
LOS KOALAS

por Natalie Deniston

TABLA DE CONTENIDO

Palabras a saber....................2

Los koalas........................3

¡Repasemos!....................16

Índice..........................16

PALABRAS A SABER

anda

camina

come

duerme

se agarra

se trepa

LOS KOALAS

¡Es un koala!

Él camina.

Él se trepa.

Él se agarra.

Él come.

Él anda.

Él duerme.

¡REPASEMOS!

¿Qué está haciendo este koala?

ÍNDICE

anda 13
camina 5
come 11

duerme 15
se agarra 9
se trepa 7